O Homem e a Natureza

Conversas com Sri Mata Amritanandamayi

Mata Amritanandamayi Center, San Ramon
Califórnia, Estados Unidos

O Homem e a Natureza

Publicado por:
  Mata Amritanandamayi Center
  P.O. Box 613
  San Ramon, CA 94583
  Estados Unidos

——————— *Man and Nature (Portuguese)* ———————

Copyright © 2006 Mata Amritanandamayi Mision Trust, Amritapuri, Kollam, Kerala, 690546, India
Todos os direitos reservados. Nenhuma parte desse livro, exceto para breve exame, pode ser reproduzida, armazenada em banco de dados, transmitida de qualquer forma ou por qualquer meio, eletrônico, mecânico, fotocópia, gravação ou outro, sem a permissão da editora.

Primeira edição em português por MA Centro: abril 2016

No Brasil: www.ammabrasil.org
Em Portugal: www.ammaportugal.org
Em Índia:
  www.amritapuri.org
  inform@amritapuri.org

Prefácio

A vida nos ensina que a melhor forma de aprender é a experiência. Professores de verdade são aqueles que despertam o conhecimento que já existe em nós e que nos recordam que saber algo e não agir de acordo é o mesmo que não saber. A forma inimitável da Mãe de transformar nosso conhecimento em ação nasce de Seu lembrete amoroso de que a "religião é algo para ser vivido".

A religião é uma tentativa de apagar nossas falsas percepções do ego e de remover a idéia de dualidade de nossas vidas, essa distinção artificial entre o ego e o resto. O mesmo sentido de ego, que nos impede de ser compassivos com outros seres humanos, pois erro-neamente acreditamo-nos separados, também nos permite destruir o meio ambiente por não com-preendermos que somos parte dele. A maioria das pessoas ainda age como se o meio ambiente fosse algum lugar longínquo, nas florestas ou nas montanhas, e não o local onde vivemos, ou os seres que somos. A Mãe diz: "Negar a existência de Deus é negar a própria existência." O mesmo ocorre com a Natureza, que é Deus em forma visível. Apesar de muitos acreditarem que o Homem deva conquistar a Natureza, ao tentar fazê-lo, nos tornamos nossos piores inimigos. Somos parte da Natureza. A sua capacidade contínua de proteger e alimentar depende da nossa habilidade em restabelecer o equilíbrio na nossa relação com a Terra e suas criaturas.

As palavras da Mãe são um apelo à descoberta da calma abnegação que dorme dentro de todos nós. A Natureza também está chamando. Ultimamente, com a crescente destruição da capacidade de renovação da Terra pelos Homens, seus chamados têm se tornado mais estridentes. Ser parte da Natureza quer dizer que nós mesmos somos o meio ambiente. Devemos come-çar a ver que as necessidades da Terra são exatamente as mesmas que as nossas.

Não há nada a acrescentar à discussão da Mãe sobre a Natureza e nosso papel nesse planeta. O que não sur-preende, uma vez que Deus e a Natureza são inse-paráveis, de fato são um e o mesmo. Negar a Natureza diminui o nosso próprio espírito e a nossa capacidade de liberdade. A mesma tranqüilidade que buscamos internamente, é a tranqüilidade que ainda permeia as florestas, os oceanos e os cumes das montanhas. E da mesma forma que devemos nos concentrar e trabalhar para acalmar nossa agitação interna e encontrar

Prefácio

a paz, devemos agir para desfazer o dano que deflagramos contra a Natureza. O serviço à Terra e suas criaturas é uma maneira de servir a Deus. Renovemos nossa fé em serviço à Terra.

– Sam La Budde
Diretor
Projeto de Espécies em Extinção
Earth Island Institute
São Francisco, Califórnia, Estados Unidos.

Sumário das Perguntas

1. Qual é a relação entre o Homem e a Natureza? 8
2. Qual é o papel da religião na relação entre o Homem e a Natureza? 10
3. O que causou o rompimento no relacionamento entre o Homem e a Natureza? 18
4. Qual é a conexão entre as práticas espirituais e a proteção da Natureza? 22
5. Quão sério é o problema ambiental? 26
6. Os seres humanos estão se tornando uma ameaça à existência da vida na terra? 31
7. É necessário dar mais importância às necessidades humanas do que à Natureza? 32
8. Quais são os passos que podem ser tomados na sociedade para impedir a destruição da Natureza e dos animais? 34
9. São as florestas partes indispensáveis da terra? 36
10. É aconselhável consultar mestres espirituais antes de nós mesmos tentarmos resolver os problemas atuais? 36

O Homem e a Natureza

Seguem as respostas da Amma, Sri Mata Amritanandamayi, a perguntas sobre questões ambientais apresen-tadas por Sam La Budde, líder ecologista nos EUA.

O Homem e a Natureza

Qual é a relação entre o Homem e a Natureza?

Amma: Filhos, o Homem não é diferente da Natureza. Ele é parte dela. A própria existência dos seres humanos na Terra depende da Natureza. Na verdade, não estamos protegendo a Natureza – é a Natureza que nos protege. As árvores e as plantas, por exemplo, são absolutamente necessárias para a purificação da energia vital. Todos sabem que os seres humanos não podem viver em um deserto. E porque ali não há árvores para purificar a energia vital. Se não houver a purificação atmosférica, a saúde dos humanos se deteriorará. Haverá decréscimo na expectativa de vida, doenças variadas, visão fraca e até cegueira. Nossas vidas dependem inextricavelmente da Natureza; até mesmo uma pequena mudança na Natureza afeta nossas vidas nesse planeta. Da mesma forma, os pensamentos e atos do Homem têm efeito na Natureza. Se o equilíbrio na Natureza é perdido, a harmonia da vida humana também se perde e vice-versa.

O fator que conecta o ser humano à Natureza é a sua inocência inata. Ao vermos um arco-íris, ou as ondas do mar, será que ainda sentimos a alegria inocente de uma criança? Um adulto que vivencia um arco-íris como nada além de ondas de luz, não conhece a alegria e o maravilhamento de uma criança ao ver um arco-íris ou as ondas do mar.

Fé em Deus é a melhor maneira de manter essa inocência de criança no Homem. Aquele que tem fé e devoção a Deus, que por sua vez se origina da inocência inata, percebe Deus em tudo, em cada árvore ou animal, em todos os aspectos da Natureza. Essa atitude lhe permite viver em harmonia perfeita, afinada com a Natureza. A corrente constante de amor, que flui de um crente genuíno em direção a toda a Criação, tem um efeito suavizador, um efeito calmante na Natureza. Esse amor é a melhor proteção para a Natureza.

É quando nosso egoísmo aumenta, que começamos a perder nossa inocência. Quando isso acontece, o Homem se torna estranho à Natureza e começa a explorá-la. Ele não sabe que terrível ameaça ele se tornou para a Natureza. Fazendo mal a ela, o Homem está pavimentando o caminho para sua própria des-truição.

Na medida em que o intelecto humano e o conhe-cimento científico crescem, não se deve esquecer os sentimentos do coração que nos habilitam a viver em conformidade com a Natureza e suas leis fun-damentais.

Qual é o papel da religião na relação entre o Homem e a Natureza?

Amma: É a religião que ajuda a pessoa a manter a consciência de que ele ou ela não está separado da Natureza. Sem a religião a humanidade perde essa consciência. A religião nos ensina a amar a Natureza. De fato, o progresso e a prosperidade da humanidade de-pendem unicamente do bem que o Homem faz à Natureza. A religião nos ajuda a manter um rela-cionamento harmonioso entre os seres humanos, entre o indivíduo e a sociedade, e entre o Homem e a Natureza.

O relacionamento entre o Homem e a Natu-reza é como o relacionamento entre *Pindananda*

(o micro-cosmo) e *Brahmananda* (o macrocosmo). Nossos grandes antepassados compreendiam isso. Por essa razão davam tanta importância à adoração da Natureza em práticas religiosas. A idéia por trás de todas as práticas religiosas (*acharam*) era a de uma aproxi-mação dos seres humanos à Natureza. Estabelecendo um relacionamento amoroso entre o Homem e a Natureza, eles asseguravam tanto o equilíbrio da Natureza como o progresso da raça humana.

Repare numa árvore: ela oferece sombra até mesmo para a pessoa que a corta; oferece seus doces e deliciosos frutos à pessoa que a danifica. Nossa atitude, entretanto, é completamente diferente. Plan-tamos uma árvore ou criamos um animal pensando somente no lucro que teremos. Se o animal pára de dar lucro, nos vemos livres dele sem demora. Assim, se a vaca pára de dar leite, iremos vendê-la ao açougue para fazer dinheiro. Se uma árvore pára de dar fruto, iremos cortá-la e fazer um móvel ou qualquer outra coisa. O interesse reina supremo. Não se encontra amor abnegado em parte alguma. Mas nossos ancestrais não eram assim. Eles sabiam que as árvores, as plantas e os animais eram absolutamente necessários para o bem e o benefício dos humanos. Eles previam que o Homem, em seus momentos de egoísmo, esqueceria a Natureza, e não mais se preocuparia com ela. Também sabiam que as gerações futuras sofreriam devido à dissociação do Homem com a Natureza. Por isso eles ligaram cada rito religioso à Natureza. Assim, através de princípios religiosos, eles poderiam ter sucesso em desenvolver uma ligação emocional entre o Homem e a Natureza. Os Antigos amavam e adoravam as árvores e as plantas, não porque as árvores davam frutos ou lucro, mas porque sabiam que eles próprios formavam um todo com toda a Natureza.

A religião ensina o Homem a amar toda a Criação. Algumas pessoas caçoam da religião dizendo que é mera crença cega. Porém, geralmente, as atitudes dessas pessoas causam mais mal à Natureza do que as atitudes daquelas que acreditam em Deus. São as pessoas de mente religiosa, e não esses ditos intelectuais, que protegem, preservam e amam a Natureza. Existem pessoas que, citando teorias científicas modernas, estão sempre tentando provar que tudo que a religião ensina está errado. A verdade é que a reverência e a devoção que os seres humanos desenvolvem através de sua fé religiosa são sempre benéficas, ambos para a humanidade e para a Natureza.

A religião nos ensina a adorar a Deus na Natureza. Por causa das histórias da vida do Sr. Krishna, a planta de manjericão e a vaca tornaram-se queridas para o povo da Índia, que com muito amor as protegem e cuidam. No passado, em cada casa na Índia, havia um lago e um arvoredo. Toda casa tinha uma planta de manjericão crescendo no jardim. As folhas de manjericão são altamente medicinais; mesmo se colhidas e mantidas por vários dias elas mantém seu poder medicinal. Naqueles tempos, parte da rotina era regar a planta de manjericão toda manhã, fazendo uma vênia com devoção, adorando-a como uma encarnação da Deusa. Dessa maneira tradicional, os Indianos reverenciavam e adoravam diversas árvores como a figueira e o marmelo. O valor medicinal das folhas de manjericão, que era conhecido pelos sábios da antiguidade há muitas eras, hoje já foi comprovado por experimentos científicos modernos. Mas será que os cientistas, ou as pessoas que descobriram o valor medicinal do manjericão e de outras plantas sagradas, demonstram o mesmo amor e reverência à Na-tureza como faziam os Antigos que eram inspirados por sua fé religiosa? Não é, então, a fé religiosa que ajuda a proteger e preservar a Natureza, mais do que o conhe-cimento obtido pela ciência moderna?

Suponha que você tenha dez sementes. Se quiser, consuma nove delas, mas deixe sobrar ao menos uma para o plantio. Nada deve ser completamente des-truído. Se você ganha centenas de dólares em uma colheita, ao menos dez dólares devem ser dados à caridade.

As escrituras da Índia ensinam que um chefe de família deve executar os *pancha yajna*, ou cinco sacrifícios diários. O primeiro destes é o *deva yajna*, ou adoração a Deus, o Poder Supremo, que deve ser feito com devoção e da melhor maneira possível. Depois vem o *rishi yajna*, ou a adoração aos sábios. Os antigos sábios realizados não deixaram suas experiências tão únicas desaparecerem no esque-cimento. Por sua compaixão pela humanidade, eles as transmitiram na forma das escrituras e de outros escritos sagrados. O estudo sincero e a prática dos ensinamentos escriturais constituem esse segundo sacrifício. O terceiro é o *pitru yajna*. Este consiste em mostrar respeito e servir os pais e os mais velhos. Também inclui manter pensamentos divinos e aus-piciosos para o bem dos ancestrais que já partiram. Em quarto lugar vem o *nara yajna*, ou o serviço à humanidade. Aí se incluem todas as formas de serviço abnegado, como alimentar os pobres e ajudar os doentes e idosos. *Bhuta yajna* é o último sacrifício, que consiste em servir a todos os seres vivos como encarnações do Ser Universal. Cumpre-se esse sacrifício, alimentando e cuidando do reino animal e vegetal. Antigamente, os membros da família nunca comiam antes de alimentar seus pássaros e animais. Eles também regavam suas plantas e árvores antes de comer. Naquele tempo, a adoração à Natureza e dos fenômenos naturais era parte essencial da vida. As pessoas estavam sempre prontas para agradar a Natureza, gratas por suas dádivas generosas. *Bhuta yajna* traz a consciência da unidade de toda a vida. Através desses ritos e sacrifícios, os seres humanos aprendem a viver em harmonia com a sociedade e a Natureza.

Mais do que a ciência moderna, a religião é que compreende que a verdade da unidade de toda a Criação, é que ensina os seres humanos a amar a Natureza, e a desenvolver um sentido de reverência e devoção a todos. O amor que a religião ensina não é o tipo de amor que um intelecto grosseiro possa entender; é aquele do coração. Só pode ser absorvido por uma pessoa que é dotada de um intelecto sutil, nascido da fé.

Um policial impõe medo, e assim reduzem-se roubos. Da mesma forma, a reverência e a devoção a Deus ajudam a manter o *dharma*, ou a boa conduta na sociedade. Absorvendo os princípios da religião e observando os costumes prescritos verdadeiramente, as pessoas podem evitar que cometam erros.

Aqueles que declaram que a religião é meramente uma coleção de crenças, não dedicam nem sequer um minuto tentar entender os princípios científicos por trás das práticas religiosas. A ciência moderna pode produzir a chuva aspergindo iodeto de prata nas nuvens. Entretanto, a água de tais chuvas pode não ser completamente pura. As escrituras, por outro lado, prescrevem certos sacrifícios em forma de rituais (atos) que trazem chuva. Os sábios sabem que a pureza da água obtida através desses métodos é muito superior àquela obtida através de métodos não naturais.

Da mesma forma, uma mudança muito benéfica, tanto para a Natureza como para o Homem, pode ser provocada oferecendo-se os ingredientes prescritos ao fogo sacrifical. Todos sacrifícios e rituais desse tipo ajudam a restaurar a harmonia e o equilíbrio da Natu-reza. Assim como as ervas e plantas ayurvédicas curam as doenças físicas, a fumaça que emana do fogo sacrifical, na qual os ingredientes de valor medicinal são oferecidos, purifica a atmosfera. Queimar incenso, acender lamparinas de óleo, oferecer comida pura ao fogo sacrifical, ou a Deus, também ajuda a purificar a atmosfera. Os efeitos colaterais de tais rituais não são tão poluentes, quanto o cloro e os desinfetantes que são utilizados para purificar a água e destruir os germes. A fumaça que sobe do fogo sacrifical ajuda a limpar o sistema respiratório, removendo o muco e o catarro que bloqueiam as passagens aéreas.

A ciência moderna diz que é prejudicial olhar dire-tamente para o sol. O mesmo conselho foi dado pelos antigos sábios, séculos atrás. Usando um método pri-mitivo, porém efetivo, eles observavam o eclipse solar somente olhando para imagem do sol refletida em água com esterco.

Protegendo e preservando os animais selvagens e domésticos, as árvores e as plantas, estamos prote-gendo e preservando a Natureza. Os Antigos adoravam a vaca e a terra, incluindo-as entre as cinco mães (*pan-cha matas*). As cinco mães eram: *dehamata* – a mãe biológica, *desamata* – a terra natal, *bhumata* – a Mãe Terra, *vedamata* – os Vedas, e *gomata* – a vaca. Para nossos ancestrais, a vaca não era apenas um quadrú-pede, mas um animal sagrado que era reverenciado como uma forma da Mãe, que alimenta e nutre (a Deusa).

Nenhuma religião pode existir dissociada da Natureza. A religião é o laço que une a humanidade à Natureza. A religião remove o ego no Homem, per-mitindo que ele conheça e vivencie sua unidade com a Natureza.

O que causou o rompimento no relacionamento entre o Homem e a Natureza?

Amma: Hoje, devido ao seu egoísmo, o Homem vê a Natureza como sendo separada de si mesmo. Se uma pessoa se corta ou se machuca, é certamente a consciência de que ambas as mãos são "minhas" que leva uma a confortar a outra. Nós não temos a mesma preocupação quando outra pessoa se machuca, não é mesmo? Isso acontece por causa da atitude: "Não é meu". O 'muro' de separação entre os seres humanos e a Natureza é criado principalmente pela atitude egoísta dos humanos. Eles acham que a Natureza foi criada apenas para o seu uso e sua exploração, de maneira a satisfazer seus desejos interesseiros. Essa atitude cria uma parede, uma separação e uma distância. É uma verdade atemorizante que o Homem moderno perdeu sua amplitude mental como resultado do tremendo crescimento da ciência moderna. O Homem descobriu métodos para obter cem tomates de uma planta que, de outro modo, daria apenas dez frutos. Ele também conseguiu dobrar o tamanho desses frutos. É verdade, que devido ao aumento da produção, a pobreza e a fome foram de certa forma reduzidas. Entretanto, o Homem não está muito consciente dos efeitos nocivos causados pelos fertilizantes e pesticidas artificiais, que entram no seu corpo através da comida. Pois também é fato, que tais produtos químicos destroem as células do corpo e o torna uma vítima fácil de doença. O número de doentes em hospitais também aumentou na medida em que os cientistas foram forçando artificialmente as plantas a dar frutos e sementes em quantidades que vão além de seus limites. A ciência atingiu alturas inimagináveis, mas devido ao seu egoísmo, o Homem perdeu a clareza de ver a verdade das coisas e de agir com discernimento.

É o pensamento interesseiro de querer mais, que leva o Homem a usar fertilizantes e pesticidas artificiais. É por causa de sua ganância, que ele não se preocupa em amar as plantas. Um balão pode ser inflado apenas até um certo limite; depois disso, se

você continuar a soprar ar, ele estoura. Da mesma forma, uma semente tem determinado limite do que ela pode dar. Se não levarmos isso em conta e continuarmos tentando aumentar a produção pelo uso de meios artificiais, provocaremos um efeito danoso na força e na qualidade da semente. Também fará mal àqueles que a comerem. Antigamente, água e esterco eram sufi-cientes para o cultivo. Hoje a situação é diferente. Os pesticidas e fertilizantes se tornaram essen-ciais ao plantio. De forma tal que o sistema imunológico das plantas e das sementes se enfraqueceu e perdeu seu poder de lutar contra a doença. Através de métodos naturais podemos fortalecer o poder de resistir às doenças. A religião nos ensina a amar humildemente a tudo com reverência. As invenções científicas conse-guiram aumentar imensamente a produção, mas ao mesmo tempo, a qualidade de tudo diminuiu.

Engaiolar um pássaro ou um animal é como colocar um ser humano atrás das grades. A liberdade é um direito nato de todo ser vivo. Quem somos nós para tirar essa liberdade dos seres vivos? Injetando hormônios em uma galinha, tentamos fazer os ovos maiores. Fazemos as galinhas botarem ovos duas vezes por dia, fechando-as em cubículos escuros que são abertos periodicamente, de maneira a criar uma falsa impressão para galinha de que mais um dia se passou. Ao fazer isso, entretanto, a longevidade da galinha é diminuída pela metade, e os ovos perdem sua qualidade. A idéia do lucro tornou o Homem cego e destruiu toda sua bondade e virtude. Isso não quer dizer, de maneira alguma, que nós não devemos pensar em aumentar a produção. O ponto é que existe um limite para tudo e cruzar esse limite equivale a destruir a Natureza.

Já passa da hora de seriamente se pensar em proteger a Natureza. A destruição da Natureza é o mesmo que a destruição da humanidade. Árvores, animais, pássaros, plantas, florestas, montanhas, lagos e rios – tudo que há na Natureza – necessitam desesperadamente a nossa gentileza, o cuidado com-passivo e a proteção pelo Homem. Se os protegermos, eles, por sua vez, nos protegerão.

O dinossauro lendário e outras espécies foram completamente extintos da face da terra porque não podiam viver nas novas condições climáticas. De maneira similar, se o Homem não for cuidadoso, quando seu egoísmo atingir seu pico, ele também terá que sucumbir ao mesmo destino.

Apenas através do amor e da compaixão é que a proteção e preservação da Natureza são possíveis. Mas ambas qualidades estão rapidamente diminuindo nos seres humanos. Para sentir o amor genuíno e a compaixão, a pessoa deve realizar a unidade da força vital, que é o sustento e o substrato de todo o universo. Essa realização só pode ser atingida através de um estudo profundo da religião e levando em conta os princípios espirituais.

Qual é a conexão entre as práticas espirituais e a proteção da Natureza?

Amma: Tudo é permeado pela Consciência que sustenta o mundo e todas as criaturas. Adorar a tudo, vendo Deus em todos, é o que a religião aconselha. Tal atitude nos ensina a amar a Natureza. Nenhum de nós, conscientemente, machucaria o nosso próprio corpo, porque sabemos que seria doloroso. Da mesma forma, sentiremos a dor dos outros como nossa própria, quando a realização de que tudo é permeado por uma e a mesma Consciência despertar dentro de nós. O compadecimento nascerá, e sinceramente desejaremos ajudar e proteger a todos. Nesse estado, não teremos vontade sequer de arrancar uma folha desnecessariamente. Colheremos uma flor somente no seu último dia de existência, antes que caia. Iremos considerar nocivo se a flor for colhida no primeiro dia por ganância.

No passado, toda casa tinha um quarto com um altar para a família. As pessoas plantavam flores no jardim e cuidavam dele zelosamente. As flores dessas plantas, que eram cuidadas com amor pela família, eram oferecidas a Deus durante os cultos.

Tudo o que é provido pela Natureza, que é a pró-pria fonte das flores e das plantas, deve ser carinho-samente devolvido a ela. A oferta de flores a Deus, além de ajudar a aumentar nossa devoção, traz consigo esse simbolismo. Os cultos de adoração executados com concentração ajudam a diminuir os pensamentos, que por sua vez, limpa e purifica a mente.

Antigamente, havia um bosque ou um arvoredo com um pequeno templo no terreno de cada casa. Eles continham árvores altamente medicinais como a figueira e o marmelo. O relicário e o arvoredo eram o local de adoração para toda a família. No crepúsculo vespertino, a família se reunia no relicário para cantar os Nomes Divinos e oferecerem suas preces defronte à lamparina de óleo. A ciência moderna recentemente descobriu que a música aumenta o crescimento sau-dável das plantas. As canções de devoção, não só conferem o êxtase às criaturas, mas se cantadas com amor, trazem pureza e paz às mentes. O vento filtrado pelas folhas das árvores e plantas medicinais, também é bom para a saúde. A fumaça de ambos, do pavio molhado de óleo queimando na lamparina de cobre e da vela de cera de abelhas, mata os germes na atmosfera. Mas acima de tudo, as preces feitas com concentração restauram a harmonia perdida da Natureza.

Se uma pessoa pode ser comparada a uma lâmpada, um verdadeiro *sadhak* (aspirante espiritual) seria um transformador. Tornando calma sua mente e conservando a energia que, de outro modo, seria dissipada através da auto-indulgência excessiva e busca dos prazeres, o *sadhak* desperta a fonte de poder infinito dentro de si. Sem gostos ou aversões, até mesmo sua respiração se torna benéfica para a Natureza. Assim como a água é purificada por um filtro, o *prana* (força vital) do *tapasvi* (asceta) é um filtro que purifica a Natureza. Os médicos Ayur-védicos usam um determinado tipo de pedra para purificar o óleo que é fervido com ervas medicinais no preparo de alguns remédios. De forma similar, a energia vital do *tapasvi* pode purificar a Natureza corrigindo os desequilíbrios criados pelo Homem.

Observando a Natureza e sua maneira abnegada de dar, podemos nos conscientizar de nossas próprias limitações. Isso nos ajuda a desenvolver a devoção e o sentimento de entrega a Deus. Assim, a Natureza nos ajuda a ficar mais próximos de Deus e nos ensina a verdadeiramente adorá-Lo. Na realidade, a Natureza não é nada, senão a forma visível de Deus, que podemos contemplar e experimentar através de nossos sentidos. De fato, amando e servindo a Natureza, esta-mos venerando a Deus.

Assim como a Natureza cria as condições favoráveis para um coco virar um coqueiro e para uma semente se transformar em uma enorme árvore frutífera, ela cria as condições necessárias para que a alma individual atinja o Ser Supremo e se funda a Ele em união eterna.

Alguém que busque a Verdade com sinceridade, ou um verdadeiro crente, não pode fazer mal à Natureza porque ele ou ela vê a Natureza como Deus – ele não vivencia a Natureza como separada de si mesmo. Ele é um verdadeiro amante da Natureza.

A Mãe diria que um verdadeiro cientista deveria ser um verdadeiro amante – um amante da huma-nidade, um amante de toda a criação e um amante da vida.

Quão sério é o problema ambiental?

Amma: Antigamente, havia uma hora certa para tudo. Havia um determinado mês para plantar e um determinado mês para colher. Não haviam poços fundos encanados naqueles tempos. Os fazendeiros depen-diam inteiramente da água da chuva e do sol, que eram graciosamente concedidos pela Natureza. As pessoas viviam em harmonia com a Natureza. Elas nunca tentavam desafiá-la. Por isso a Natureza sempre ajudava o Homem. Ela era sua amiga. As pessoas tinham toda a confiança de que choveria se as sementes fossem semeadas na época apropriada. Elas sabiam o momento exato em que a plantação estava pronta para a colheita. Tudo fluía calmamente. A Natureza provia chuva e sol nas horas certas, sem falta. Nunca havia destruição da plantação por chuva excessiva ou fora de hora, nem havia excesso ou falta de sol. Tudo era equilibrado. Os seres humanos nunca tentavam agir contra as leis da Natureza. Havia entre as pessoas compreensão mútua, fé, amor, compaixão e cooperação. Elas amavam e adoravam a Natureza e, em troca, a Natureza as abençoava com uma abundância de riqueza natural. Somente tal atitude ajuda a elevar a sociedade como um todo. Mas as coisas mudaram.

As invenções científicas são altamente benéficas. Mas não deviam ir contra a Natureza. O constante dano feito pelos seres humanos acabou com a paciência da Natureza. Ela começou a retaliar. As calamidades naturais estão aumentando muito. A Natureza começou Sua dança da dissolução final. Ela perdeu Seu equilíbrio devido aos atos injustos perpetrados contra Ela pelos seres humanos. Essa é a principal causa de todo o sofrimento que os seres humanos estão passando na presente era.

O cientista inventivo, que experimenta, pode ter amor dentro de si. Mas este amor está limitado a um canal estreito. Está direcionado apenas ao campo científico no qual trabalha. Não envolve toda a criação. Ele está ligado ao laboratório onde senta, ou ao equipamento científico que utiliza. Não pensa na vida real. Está mais interessado em descobrir se tem vida na Lua ou em Marte. Está mais interessado em inventar armamentos nucleares.

Um cientista pode sustentar a idéia de que está tentando encontrar a verdade do mundo empírico através de uma abordagem analítica. Ele disseca as coisas de maneira a analisar como funcionam. Se lhe dão um gatinho, ele está mais interessado em utilizar o animal para pesquisa do que em amá-lo como um animal de estimação. Ele vai medir o padrão de sua respiração, seu pulso e pressão sangüínea. Em nome da ciência e da busca pela verdade, ele vai dissecar o animal e examinar seus órgãos. Uma vez que o gatinho tenha sido cortado, está morto. A vida desaparece e qualquer possibilidade de amor se desfaz. Só há amor quando há vida. Em sua busca pela verdade da vida, o cientista, sem perceber, destrói a própria vida. Estranho!

Um *rishi* (sábio) é um verdadeiro amante, porque 'mergulhou' em seu próprio Eu, a própria essência da vida e do amor. Ele vivencia a vida e ama a todos – acima, abaixo, na frente e atrás – em todas as direções. Mesmo no inferno, no limbo, ele não vê nada além da vida e do amor. Para ele não há nada além da vida e do amor, brilhando com esplendor e glória em todas as partes. Portanto, a Mãe diria que ele é um 'verdadeiro cientista'. Ele experimenta no laboratório interno de seu próprio ser. Ele nunca cria divisão na vida. Para ele a vida é um todo. Ele reside sempre nesse estado não dividido de amor e vida.

O verdadeiro cientista, o sábio, amorosamente abraça a vida e torna-se um com ela. Ele nunca tenta lutar com a vida. Enquanto o cientista tenta lutar e conquistar a vida, o sábio simplesmente se rende a ela, e a deixa levá-lo para aonde for.

O Homem se voltou contra a Natureza. Ele não mais se preocupa com ela; está mais interessado em explorar e experimentar. Ele está tentando romper todos os laços. Não sabe, no entanto, que fazendo isso, está pavimentando o caminho da sua própria destruição. É como se deitar e cuspir para cima. O cuspe cai na própria cara.

Hoje em dia, somando-se à exploração da Natureza, os humanos também a estão poluindo. Houve um tempo na Índia em que quando as crianças eram vacinadas, utilizava-se esterco de vaca como desinfetante. Hoje, no entanto, uma ferida ficaria infeccionada, e a pessoa morreria se esterco fosse aplicado. A substância que era um remédio que curava a ferida, agora tornou-se algo que infecciona, possivelmente pelo veneno ter entrado no esterco pela grama, feno e rações que se dá às vacas.

Hoje, não há mais chuva quando deve haver chuva. Quando chove, ou é muito pouco ou demais; ou vem cedo, ou tarde demais. É o mesmo com o sol. Hoje em dia, os seres humanos estão tentando explorar a Natureza. É por isso que há alagamentos, secas, terremotos; e tudo está sendo destruido.

Há um tremendo declínio na qualidade de vida. Muitas pessoas perderam a fé. Elas não sentem amor ou compaixão; o espírito de equipe de trabalhar juntos, de mãos dadas, pelo bem de todos, foi perdido. Isso terá um efeito negativo na Natureza. A Natureza retirará suas bênçãos e se voltará contra o Homem. A reação da Natureza será inimaginável se o Homem continuar assim.

Existe uma história de um casal que tinha uma loja de bebidas. O marido sempre dizia à sua esposa: "Reze a Deus que Ele nos traga mais fregueses." A mulher obedecia com sinceridade. Um dia, um dos fregueses notou o que ela rezava e disse a ela: "Por favor, peça por mim também, que eu tenha mais trabalho." A esposa perguntou:

"Qual é o seu trabalho?" O Homem respondeu: "Eu faço caixões".

Esse é o estado atual do mundo. Tornou-se um mundo onde as pessoas se preocupam apenas com seus próprios interesses.

Os seres humanos estão se tornando uma ameaça à existência da vida na terra?

Amma: Quando a Natureza graciosamente protege e serve os seres humanos, é, sem dúvida, responsabilidade deles retribuir proteção e serviço à Natureza. A ciência moderna estabeleceu que as árvores e as plantas podem responder de maneira imperceptível aos pensamentos e às ações dos seres humanos. A ciência descobriu que as plantas tremem de medo quando nos aproximamos delas com a intenção de arrancar suas folhas. No entanto, séculos atrás, os santos e sábios da Índia, tendo entendido essa grande verdade viviam vidas completamente inofensivas.

Existe uma história nas escrituras Hindus, chamada Sakunthalam, que demonstra esse ponto. Um dia, um sábio encontrou uma criança abandonada na floresta. Ele a trouxe para seu eremitério e a criou ali como sua. Quando ela cresceu, o sábio confiou-lhe o trabalho de cuidar das plantas e dos animais domés-ticos do eremitério. Ela amava as plantas e animais tanto quanto sua própria vida. Um dia, quando o sábio estava fora, o rei daquela província, em uma expedição de caça, avistou essa linda menina enquanto cavalgava pela floresta. Ele se apaixonou por ela e desejou casar-se com ela. Quando retornou, o sábio soube do acontecido e com prazer satisfez o desejo do rei. Depois da cerimônia de casamento, a moça estava deixando o eremitério para o palácio real, quando a planta de jasmim, que ela sempre amara e cuidara, curvou-se e enroscou-se suavemente em volta de seus tornozelos. Os animais derramaram lágrimas quando ela se foi. Isso ilustra como as plantas, árvores e toda a Natureza retribuem o nosso amor, quando, de fato, cuidamos dela.

É necessário dar mais importância às necessi-dades humanas do que à Natureza?

Amma: A Natureza dá toda sua riqueza aos seres humanos. Assim como a Natureza se dedica a nos ajudar, nós também devemos nos dedicar a ajudar a Natureza. Somente então, a harmonia entre a Natureza e o ser humano, será pre-servada. Arrancar dez folhas, quando cinco são suficientes, é um pecado. Suponha que duas batatas sejam o bastante para se fazer um prato. Se você usar uma terceira batata você estará agindo indiscri-minadamente – cometendo um ato *adharmico* (injusto, sem honra).

Usar a Natureza para nossas necessidades não pode ser considerado errado. Mas a exploração trans-forma todo um conjunto de circunstâncias. Ela faz da nossa ação uma injustiça. Para começar, estamos destruindo desnecessariamente mais uma planta ou animal, ou o que quer que estejamos explorando; em segundo lugar, estamos negando o uso dela por outra pessoa. Alguém poderia fazer dela, talvez nosso vizinho que não tem nada para comer. Então, quando exploramos a Natureza, estamos explorando os outros. É certamente necessário ter uma casa para nos proteger da chuva e do sol. Mas não devemos construir uma casa para ostentar nossa fortuna e nosso estilo de vida luxuoso. Cortar árvores para construir uma casa não pode ser considerado injusto. Mas um ato se torna injusto ou pecado quando o fazemos indiscrimi-nadamente, sem qualquer vigilância. Esbanjar dinheiro sem pensar em Deus, o Doador Supremo, ou nos outros que poderiam ser beneficiados ganhando um dinheiro extra, isso é injustiça.

O Homem e a Natureza

Quais são os passos que podem ser tomados na sociedade para impedir a destruição da Natureza e dos animais?

Amma: É com certeza chegada a hora de tomar passos firmes para prevenir que o Homem destrua a Natureza e os recursos que ela gentilmente nos concede como dádiva, ou recompensa pelas boas ações que executamos. A implementação de regras restritas poderia ser benéfica; há, entretanto, a necessidade de pessoas preparadas a obedecer e executar tais regras. Hoje em dia, aqueles que devem observar as regras são os primeiros a rompê-las. Em cada vila deve-se formar sociedades para a criação de uma consciência do significado da proteção e preservação da Natureza. O mero conhecimento inte-lectual não é o bastante. As pessoas devem ser ensinadas a agir a partir de seus corações. Os professores devem encorajar as pessoas a amar a Natureza e a sentir compaixão por toda a Criação e suas criaturas. Os próprios professores e conselheiros devem ser pessoas altamente competentes e eficientes, que possam inspirar os outros a fazer aquilo que lhes foi ensinado. Somente então haverá benefício. O apoio da religião e de princípios espirituais é de grande valia para se atingir esse objetivo.

Uma das maiores causas da poluição atmosférica é a fumaça tóxica que emana das fábricas e indústrias, que afeta o crescimento saudável das plantas e das árvores. Os produtos tóxicos produzidos nesses lugares também têm um efeito maléfico à saúde humana. Devem ser tomadas as medidas necessárias para proteger e preservar as árvores e as plantas que crescem nas áreas ao redor das fábricas e dos parques industriais. De fato, são essas árvores e plantas que, em grande medida, limpam e purificam o ar em tais locais. Se essas plantas não existissem, a situação seria muito pior. A iniciativa de preservar os arredores naturais deveria vir dos empresários e empregados de tais companhias.

O governo não pode fazer nada sozinho sem a cooperação sincera e cordial do povo. Para que isso aconteça, o governo deve ser tal, que trabalhe de acordo com a vontade e os desejos das pessoas que amam a Natureza. Isso, de novo, demanda apoio dos líderes políticos e oficiais de governo. Eles não devem ser simplesmente um grupo de pessoas que almejam dinheiro e poder. Devem ter por objetivo a elevação do país e de seu povo. Muito será conseguido se forem pessoas dotadas de um julgamento altruísta e de perspectiva universal.

São as florestas partes indispensáveis da terra?

Amma: Sim, seguramente. A ciência ainda está por entender os benefícios que as florestas trazem à Natureza. As florestas são parte essencial da vida nesse planeta. São indispensáveis. Elas purificam e previnem o superaquecimento da atmos-fera, elas mantêm o solo úmido, protegem e preservam a vida selvagem, etc.

Para responder às necessidades da vida, não é errado cortar árvores e coletar plantas medicinais da floresta. Mas não explore e destrua as preciosas florestas. A Natureza sabe como se proteger e se cuidar. Atualmente estamos tirando proveito da Natureza em nome da proteção e da preservação. Os pássaros e animais vivem contentes na floresta. Seu pior inimigo é somente o Homem. Destruindo a Natureza, o Homem se tornou o seu próprio inimigo. Ele não sabe que está cavando sua própria cova quando usa o machado ao pé da árvore.

É aconselhável consultar mestres espirituais antes de nós mesmos tentarmos resolver os problemas atuais?

Amma: Os especialistas podem ajudá-lo a resolver muitos dos problemas com que você se confronta em sua vida profissional. Não há dúvida sobre isso.

Mas apenas o poder de Deus pode fazer qualquer coisa de fato acontecer. Para que qualquer coisa aconteça, a Graça é necessária. O esforço humano, que é um produto do intelecto, só pode nos levar até certo ponto. Depois desse ponto é território da Graça de Deus. Nossas ações não frutificarão, a não ser que consigamos descobrir esse território que está além do alcance humano. A melhor maneira de se penetrar esse domínio, é pedindo o conselho e a bênção de um Mestre espiritual genuíno. Essa Grande Alma é a própria fonte desse território acolá. Ele ou ela é uma fonte inexaurível de poder, a própria personificação do poder e da Graça de Deus. Os especialistas podem ajudar, mas não podem abençoar e conceder a Graça. Até a ajuda do espe-cialista pode fracassar em produzir o efeito correto, mas as palavras e bênçãos de um verdadeiro Mestre espiritual nunca fracassam.

Nunca olhe para traz e se aflija. Olhe para frente e sorria. Devemos fazer nossas ações com a maior fé e vigilância, mas sempre com um sentido de desapego. Isso é o que os mestres espirituais nos ensinam. Qual é a utilidade de ficar triste se uma planta que cultivamos, murchar? Plante outra sem se remoer por causa da planta perdida. Remoendo o passado, o Homem se torna fraco de espírito e isso causa a dissipação de todas as suas energias.

A mente de um Mestre não é como a nossa, que corre atrás dos prazeres do mundo. É como uma árvore que dá sombra e frutos doces, mesmo àqueles que as cortam. Apesar do sábio usar sua vida em ações altruístas e abnegadas, como um palito de incenso que dá a sua fragrância aos outros ao custo de sua própria existência, ele sente imensa alegria em espalhar amor e paz para todos na sociedade. Somente tal pessoa pode guiar-nos, que estamos cheios de vaidade e apegos, ao caminho da justiça. Tais sábios não existem para apenas um indivíduo, classe, credo, religião ou seita. Estão aí para o mundo todo, para toda a raça humana.

Amritapuri, maio de 1994.

www.ingramcontent.com/pod-product-compliance
Lightning Source LLC
Chambersburg PA
CBHW070046070426
42449CB00012BA/3171